꽃장

정일근 시집

꽃장

불휘 미디어

시인의 말

    지난 4월, 어머니 홀연히 세상 떠나시고 위로를 건네는 따뜻한 손이 많이 있었습니다. 그 손의 온기를 기억하며 어머니 추모시집을 개정판으로 다시 묶습니다.
    캘리그라퍼 오숙희 님의 그림과 글씨로 새 표지를 꾸몄고, 시인이며 문학평론가인 한명희 교수의, 저를 울린 다정다감한 해설도 더했습니다.
    이제 어머니께 부끄럽지 않은 시집 같아 모두에게 고마운 마음입니다. 먼 곳에 계시지만 어머니도 많이 좋아하실 것 같습니다. 내년 봄, 어머니 꽃장葬으로 모신 꽃밭에 하얀 민들레 환하도록 무성할 것입니다.

    – 어머니도 좋으시죠?

2025년 10월
정일근

차례

5 시인의 말
94 해설 꼭, 꽃으로 다시 오세요

1부 어머니 날 낳으시고

12 열일곱 살의 바다
13 파일 연등燃燈
14 아구
16 가덕 대구
17 어머니 날 낳으시고
18 어머니의 감성돔
20 둥근, 어머니의 두레 밥상
22 어머니의 그륵
23 신문지 밥상
24 밥 보리살타菩提薩埵
25 주먹은 나를 밥 먹인다
26 감나무 주장자
27 어머니, 여자라는
28 분홍 꽃 팬티
30 어머니의 배추
32 고추는 힘이 세다

34 정구지 꽃

35 아, 시다 시

36 세월의 화음

37 어머니의 문장

38 봄꿈, 진해

39 목욕을 하며

40 오메보시布施

2부 어머니의 자리

44 그림일기

46 윤삼월 바다

47 김밥의 시니피앙

48 진해

50 변비에 대하여

52 어머니의 자리

53 하얀 민들레

54 시맛

55 꽃의 모성

56 어머니의 수틀

57 어머니의 고래

3부 아버지 날 기르시니

60 아버지
61 꼬리별
62 흑백 사진
63 봄비
64 따뜻한 달걀
66 사진도 늙는다
67 아버지, 내 소리 저편의 세상에 살고 있는
68 몸 · 2
69 홍시
70 바람개비
72 사월, 진해
74 무㗩-아버지
75 묘묘杳杳한 밤
76 고래, 孤來

4부 어머니 가신 후에

80   어머니의 주술

81   공짜 시인

82   여든일곱 살, 어머니

84   점강漸降의 사랑

85   접시꽃나무

86   꽃장葬

88   어머니의 삼층탑이 되어

89   어머니란 그 넓은 바다를

90   사진, 어머니 아버지의 2025년

92   시인의 이유

1부
어머니 날 낳으시고

열일곱 살의 바다
- 어머니

　비수처럼 날아드는 해안 경비대 차가운 서치라이트 불빛에 찔려 추락하던 열일곱 어지러운 잠에서 깨어났을 때, 어머니 홀로 그물을 깁고 계셨다. 소금을 가마채 풀고 가는 해풍의 비린 힘살들이 칼날 문양 새긴 문고리를 흔들고 조금의 물살에 밀려 어업 한계선 밖으로 섬들이 흘러가는 소리 자욱하였다. 물오른 푸른 무같이 팽팽한 가슴을 가졌던, 서른 이후 청상이 된 어머니 순흥 안씨. 헝클어진 그물 같은 씨줄의 슬픔과 날줄의 눈물이 굳은살 박인 손끝에서 연연하게 다스려지고 있었다. 때로는 붉은 유행가에 얼굴 더욱 붉게 물들어 간장 종지처럼 작아진 가슴안에 아버지가 돌아올 동백 섬이 떠오르고 있었다.

파일 연등燃燈

이 저녁 어머니는 홀로 연등에 불 밝히고 계실 것이다

가난한 내 이름 석 자와 식솔들의 이름 부르며
걸어가는 맨발맨발 환하게 빛나라고
작은 사랑의 연등 하나 밝히고 계실 것이다

어머니의 눈물로 타는 파일 연등은
눈물로 피워 내는 어머니의 꽃

어머니의 연등으로 내 길이 열리고
나는 그 꽃길 밟고 여기까지 왔구나

눈을 감으면 차안과 피안 사이 빛나는 어머니의 연등
잠든 아버지와 할아버지의 이름 불러
어두운 저세상의 사람들도 돌아오고

이 저녁 죄 많은 내 몸 고요히 탄다

아구*

선생이 나를 아구라 불렀을 때
나는 사춘기였다

여드름 돋은 얼굴이 터져버릴 듯 화끈거렸고
나는 그를 죽일 수 있다는 생각을 했지만
진해아구찜 집 아들인 내가 보인 적의는
선생의 호명에 침묵하는 일뿐이었다

남편 잃은 어머니에게 아구는 생의 동반자였고
나에게는 달아나고 싶은 부끄러움이었다, 그때

제 뱃속 가득 먹이를 담고 잡혀 온 아구는
어머니의 칼질에 토막이 나 버렸지만
밤이면 내 꿈속으로 살아와
나는 한 마리 어린 생선이 되어
아구의 핏빛 뱃속에 갇혀 파닥거렸다

진해여중 그 계집아이도 나를 아구라 부를까 두려워
세상의 모든 아구와 함께

컴컴한 심해로 가라앉아 버리고 싶은
가난하고 막막한 사춘기였다

*바닷물고기인 '아귀'의 경상도 방언.

가덕 대구*

입이 큰 그 생선을 슬픔처럼 널던 날이 있었다.
어머니는 가덕 어디 깊은 바다에서 잡은 것이라 했다.

그런 날은 어머니는 밤새 아버지를 생각하시고,

조선무 풍덩풍덩 빚어 넣어 끓인 생선 국물로 속을 푸시던
술 좋아하시던 아버지를 생각하시고,

새벽 일찍부터 연탄아궁이 위에는 물이 끓어
어린 내 잠 속까지 바다 깊은 곳과
어머니 눈물의 밑바닥이 끓는 냄새가 났다.

나도 언제 한번 술이나 마셔 볼까,
그런 못된 다짐을 하는 사이
한 번씩 폭설이 내려 생선들의 아픈 옆구리가 젖었고
다시 마르는 사이 봄이 오고 있었다.

달력에는 아버지의 기일이 가까워지고 있었다.

*진해 용원 앞바다 가덕도 인근에서 잡히는 생선. 요즘도 최상품으로 대접받고 있다.

어머니 날 낳으시고

　오줌 마려워 잠 깼는데 아버지 어머니 열심히 사랑 나누고 계신다, 나는 큰 죄를 지은 것처럼 가슴이 뛰고 쿵쾅쿵쾅 피가 끓어 벽으로 돌아누워 쿨쿨 잠든 척한다, 태어나 나의 첫 거짓말은 깊이 잠든 것처럼 들숨 날숨 고른 숨소리 유지하는 것, 하지만 오줌 마려워 빳빳해진 일곱 살 미운 내 고추 감출 수가 없다

　어머니 내가 잠 깬 것 처음부터 알고 계신다, 사랑이 끝나고 밤꽃 내음 나는 어머니 내 고추 꺼내 요강에 오줌 누인다, 나는 귀찮은 듯 잠투정 부린다, 태어나 나의 첫 연기는 잠자다 깨어난 것처럼 잠투정 부리는 것, 하지만 어머니 다 아신다, 어머니 몸에서 내 몸 만들어졌으니 어머니 부엌살림처럼 내 몸 낱낱이 다 알고 계신다

어머니의 감성돔

진해 어머니 감성돔 두 마리 보내셨다
아마 중앙시장 어물전에서 물 좋은 그놈들 보시고
산골에 엎드려 시 쓰는 내 생각났을 것이다

크고 튼실한 놈들이라 값도 만만찮을 것인데
어머니 망설이지 않고
용돈 주머니 다 터셨을 것이다

마흔 중반을 살면서도
나는 여전히 어머니의 어린 새끼다
집 떠난 지 스무 해가 지났어도
물가에 내어놓은 어린 새끼다

그 스무 해 혼자 헤엄치며
어머니의 바다 멀리 떠나왔다 생각했는데
돌아보면 언제나 어머니의 손바닥 안이다

어머니 무엇 좋아하시는지 알지 못하고
어머니의 밥상에는 무엇이 오르는지도 모르는

불효한 내 식탁으로 내일 아침
감성돔 구이가 오를 것이다

늘 혼자 드시는 어머니의 밥상으로
살진 감성돔 되어 회항하고 싶은 밤

…… 어머니

둥근, 어머니의 두레 밥상

모난 밥상을 볼 때마다 어머니의 두레 밥상이 그립다
고향 하늘에 떠오르는 한가위 보름달처럼
달이 뜨면 피어나는 달맞이꽃처럼
어머니의 두레 밥상은 어머니가 피우시는 사랑의 꽃밭
내 꽃밭에 앉는 사람 누군들 귀하지 않겠느냐
식구들 모이는 날이면 어머니가 펼치시던 두레 밥상
둥글게 둥글게 제비 새끼처럼 앉아
어린 시절로 돌아간 듯 밥숟가락 높이 들고
골고루 나눠주시는 고기반찬 착하게 받아먹고 싶다
세상의 밥상은 이전투구의 아수라장
한끼 밥을 차지하기 위해
혹은 그 밥그릇을 지키기 위해, 우리는
이미 날카로운 발톱을 가진 짐승으로 변해 버렸다
밥상에서 밀리면 벼랑으로 밀리는 정글의 법칙 속에서
나는 오랫동안 하이에나처럼 떠돌았다
짐승처럼 썩은 고기를 먹기도 하고, 내가 살기 위해
남의 밥상을 엎어 버렸을 때도 있었다
이제는 돌아가 어머니의 둥근 두레 밥상에 앉고 싶다
어머니에게 두레는 모두를 귀히 여기는 사랑

귀히 여기는 것이 진정한 나눔이라 가르치는
어머니의 두레 밥상에 지지배배 즐거운 제비 새끼로 앉아
어머니의 사랑 두레 먹고 싶다

어머니의 그륵

어머니는 그륵이라 쓰고 읽으신다
그륵이 아니라 그릇이 바른 말이지만
어머니에게 그릇은 그륵이다
물을 담아 오신 어머니의 그륵을 앞에 두고
그륵, 그륵 중얼거려 보면
그륵에 담긴 물이 편안한 수평을 찾고
어머니의 그륵에 담겨졌던 모든 것들이
사람의 체온처럼 따뜻했다는 것을 깨닫는다
나는 학교에서 그릇이라 배웠지만
어머니는 인생을 통해 그륵이라 배웠다
그래서 내가 담는 한 그릇의 물과
어머니가 담는 한 그륵의 물은 다르다
말 하나가 살아남아 빛나기 위해서는
말과 하나가 되는 사랑이 있어야 하는데
어머니는 어머니의 삶을 통해 말을 만드셨고
나는 사전을 통해 쉽게 말을 찾았다
무릇 시인이라면 하찮은 것들의 이름이라도
뜨겁게 살아 있도록 불러 주어야 하는데
두툼한 개정판 국어사전을 자랑처럼 옆에 두고
서정시를 쓰는 내가 부끄러워진다

신문지 밥상

더러 신문지 깔고 밥 먹을 때가 있는데요
어머니, 우리 어머니 꼭 밥상 펴라 말씀하시는데요
저는 신문지가 무슨 밥상이냐고 궁시렁궁시렁*하는데요
신문질 신문지로 깔면 신문지 깔고 밥 먹고요
신문질 밥상으로 펴면 밥상 차려 밥 먹는다고요
따뜻한 말은 사람을 따뜻하게 하고요
따뜻한 마음은 세상까지 따뜻하게 한다고요
어머니 또 한 말씀 가르쳐 주시는데요

해방 후 소학교 2학년이 최종 학력이신
어머니, 우리 어머니의 말씀 철학

*경상도 사람들은 '궁시렁거리다'라고 하는데 '구시렁거리다'가 표준어라고 한다. 하지만 나는 '궁시렁거리다'가 내 입에 맞다.

밥 보리살타 菩提薩埵

다리 하나 잃은 도둑고양이
식구처럼 돌보시는 어머니
우리 어머니 안安 보살菩薩님
절에 절하러 가시면서
밥상 차려 놓았으니 너는 밥 먹고
고양이는 밥 차려 드려라
꼭 데워서 따뜻한 밥 드려라
추운 날 찬밥 주는 일
그것은 죄가 된다
내게 몇 번이나 당부하시는 어머니
끼니끼니 찾아오는 도둑고양이에게
끼니끼니 더운밥 차려 주시며
다음 세상에서 만나면 갚아라
쌀가마 메고 와서 꼭 갚아라
다리 잃은 도둑고양이에게 당부하시는
어머니의 밥 보리살타

주먹은 나를 밥 먹인다

'먹다'라는 말은 '주먹을 불끈 쥐다'라는 말에서 온 것은 아닐까? 병실에서 소독내 나는 병원 밥 받아 놓고 생각한다. 먹기 위해서는 주먹 쥐어야 하는데, 주먹 쥐어야 숟가락 잡고 젓가락 들 수 있는 법인데, 어머니는 수저 들기 귀찮아하는 한심한 아들에게 주먹을 불끈 쥐라고 야단하신다. 죽은 게 발 같은 손으로 어떻게 너가 너를 이길 수 있겠느냐! 어머니 장탄식하신다. 주먹 꽉 쥐어 본 적은 언제였던가. 주먹을 쥐고 무엇인가를 쳤던 적은 언제였던가. 주먹 꽉 쥐어 본다. 살아야겠다. 주먹 꽉 쥐고 내가 나를 친다. 살아야겠다.

맙소사! 주먹이 나를 밥 먹인다.

감나무 주장자

감 한 접 들다 무거워 내려놓는다
등에 지고 가는 내 시詩의 무게보다
감 한 접이 더 무겁다, 고 투덜거리다
번쩍 감나무가 후려치는 주장자를 맞는다
늙으신 고향 감나무 올해 세 접의 감을 들고
여름부터 이 가을로 쉬지 않고 걸어오셨는데
어머니 그 감 모두 머리에 이고
산골에 사는 아들네 집 찾아오셨는데

어머니, 여자라는

7시간 수술 끝나고
어머니 환자복 갈아입히며
어머니 흰 젖가슴 꼬집어 본다
다시 시집가도 괜찮겠다는
아이 서넛 그 젖으로 키우겠다는
쉰 넘은 아들의 농담에
아직 풀리지 않은 전신 마취 속에서
이내 얼굴 붉어지는 어머니
아름다워라! 어머니라는 이름의
저 사랑스러운 여자

분홍 꽃 팬티

어머니 병원 생활하면서
어머니 빨래 내 손으로 하면서
칠순 어머니의 팬티
분홍 꽃 팬티라는 걸 알았다
어머니의 꽃 피던 이팔청춘
아버지와 나누던 사랑의 은밀한 추억
내가 처음 시작된 그곳
분홍 꽃 팬티에 감추고 사는
어머니, 여자라는 사실 알았다
어느 호래자식이
어머니는 여자가 아니라고 말했나
성性을 초월하는 거룩한 존재라고
사탕발림을 했나
칠순을 넘겨도
팔순을 넘겨도
감추고 싶은 곳이 있다면
세상 모든 어머니는 여자다
분홍 꽃 팬티를 입고 사는
내 어머니의 여자는

여전히 핑크빛 무드
그 여자 손빨래하면서
내 얼굴 같은 색깔로
분홍 꽃물 드는데

어머니의 배추

어머니에게 겨울 배추는 詩다
어린 모종에서 시작해
한 포기 배추가 완성될 때까지
손 쉬지 않는 저 끝없는 퇴고
노란 속 꽉 찬 배추를 완성하기 위해
손등 갈라지는 노역의 시간이 있었기에
어머니의 배추는
이 겨울 빛나는 어머니의 詩가 되었다
나는 한 편의 詩를 위해
등 굽도록 헌신한 적 없어
어머니 온몸으로 쓰신
저 푸르싱싱한 詩 앞에서 진초록 물이 든다
사람의 詩는 사람이 읽지 않은 지 오래지만
자연의 詩는 자연의 친구가 읽고 간다
새벽이면 여치가 제일 먼저 달려와 읽고
사마귀가 뒤따라와서 읽는다
그 소식 듣고 종일 기어 온 민달팽이도 읽는
읽으면서 배부른 어머니의 詩
시집 속에 납작해져 죽어 버린 내 詩가 아니라

살아서 배추벌레와 함께 사는
살아서 숨을 쉬는 詩
어머니의 詩

고추는 힘이 세다

봄에 고추 모종 몇 그루 심어 놓고
여름부터 가을까지 풋고추 따 먹는다
고추나무는 고추를 몇 개나 다는지
고추 딸 때마다 세어 놓았는데
어이쿠! 일흔세 개의 고추 낳았으니
고추나무의 자식 농사 풍년, 대풍년이다
어디 고추의 힘이 그뿐인가
고추마다 일백마흔다섯 개씩
맵고 당찬 씨앗 제 품에 품었으니
고추나무 한 그루에 자식은 일흔셋이요
손자는 일만여 톨이라, 고추나무는
고추라는 이름값 다하고 산다
자식은 제 먹을 것 다 가지고 태어난다고
산 입에 거미줄 치는 일 없다고
어머니 그렇게 말리셨는데
젊어서 끝내버린 내 고추 농사
아들 하나 딸 하나 둔, 부선망父先亡
이대二代 독자인 내 고추 농사
잎 마르고 세월 깊을수록 창망하다

첫 이슬 내려 뿌리 뽑힐 때까지
쉬지 않고 꽃 피우고 빳빳한 고추 다는
서창 장날 천 원에 세 포기 사 온
저 고추, 힘 좋은 고추 앞에서

정구지 꽃

　서울 사람은 부추, 충청도 사람은 솔, 제주도 사람은 쇠우리, 경상도 사람은 소풀이라 하는데
　은현리 사는 어머니 우리 어머니 정구지라 부른다
　정월에서 구월까지 먹을 수 있어 정구지라 이름한다
　그렇게 정월에서 구월까지 제 살과 피 다 내어 주고 가을에 꽃 피는데, 정구지 꽃 하얀 꽃 피는데
　허리 굽혀 땅에 절하지 않고서는 보지 못하는 꽃, 손에 흙 묻혀 땅과 악수하지 않고서는 봐도 알지 못하는 정구지 꽃
　정구지 꽃 하얀 꽃이 어머니 정구지 밭에 가득 피었다
　칠순 어머니 아픈 자식에게 검은 머리 다 주시고 흰머리 되셨듯이
　주고 또 주고 주고 또 주고 그 빈 대궁마다 하얀 별을 달고 정구지 꽃 피었다
　어머니 한 밭 가득 곱게 피었다

아, 시다 시

어머니 오랜 병석에 누웠다가
은현리 마당으로 나오셨다

빨간 앵앵두 몇 알 따서
입에 넣고 중얼거린다

―아, 시다 시

앵앵두가 제대로 익지 않았나 보다

나는 어머니 계셔 시인이 되었고
어머니 말씀 받아 시를 쓴다

어머니 팔순 인생에서 또 한 줄 시가 온다

―아, 詩다 詩

세월의 화음

어머니 나이 드시며 점점 귀먹어지고
내 코 고는 요란한 소리 자꾸 커지고.

어머니의 문장

팔순 어머니 방은 정갈한 문장이다
눈 수술 앞둔 어머니 입원실에 모셔 두고
어머니 방에 잠시 눈 붙이러 왔는데
이 문장에서 나는 잘못 찍힌 문장부호 같다
점점 어두워지는 눈으로 쓴 생의 문장
무엇 하나 뺄 것 없고 더할 것 없다
주어는 주어의 자리 서술어는 서술어 자리
단단하게 앉아 있다, 형용과 수사 없이
어머니는 어떻게 이 아름다운 문장 빚었을까
어두워지는 눈으로 종일 쓸고 닦는 일만으로
어머니 한 편의 시를 완성하기까지
얼마나 많은 눈물의 지우개 닳아 없어졌을까
어머니란 주어가 잠시 비운 사이
먼지 한 톨 끼어들 틈 없는 긴장에
간장 종지 하나라도 위치를 바꾼다면
이 문장 와장창 깨어져 비문이 될 것 같다
어머니 혼자 주무시던 이부자리에서
눕지 못한 채 웅크리고 앉아
정유년 섣달 길고 긴 밤 혼자 견딘다.

봄꿈, 진해

꽃 피는 봄밤의 꿈은 자음으로 꾼다

연로하신 어머니 곁에 누워 자는 잠 속에

진해의 벚나무 한꺼번에 꽃 만개했다 날렸다

즐겁고, 향기롭고, 선명하였다

잠 깨서 그 꿈 이야기하는데 도저히 설명할 수 없다

어머니에게 지난밤 꿈이 참 좋았습니다

이야기를 꺼냈다가 결국 횡설수설하다 만다

나이 들면서 꿈에서 모음이 사라진 지 오래지만

어머니 그 꿈 다 아시는 듯 빙그레 웃으신다

옳거니, 저 미소가 어제 내가 꾼 봄꿈이었는데!

목욕을 하며

마흔 해 손 한 번 씻겨 드리지 못했는데
아들의 등을 미시는 어머니 우리 어머니
병에서 삶으로 돌아온 내 등 밀며 우신다.
벌거벗고 제 어미를 울리는 불혹의 불효,
뼈까지 드러난 몸에 살과 피가 다시 살아
어머니 목욕 손길에 웃는 아이가 되고 싶다.
까르르까르르 웃는 아이가 되고 싶다
어머니의 욕조에 담긴 어머니의 사랑이 되어
회귀의 강으로 돌아가는 살찐 새끼가 되고 싶다.

오메보시 布施

　어머니는 우메보시가 상에 오르면 쭈글쭈글한 얼굴 주름 다 펴지듯 활짝 웃는다

　시고, 짜고, 검붉은 일본식 매실장아찌인 우메보시에 내 어머니, 군침 감추지 않는 이유는 어려웠던 외가의 내력에서 왔는데

　왜정 때 일본 살러 간 외할머니나, 그래서 일본서 태어나 힘들게 자란 어머니나, 그 한 알로 밥그릇 비우는 것은

　누대의 간난이 준 신산辛酸한 선물이어서

　아흔 외할머니 오랜 병에 입맛 잃을 때마다 어머니 우메보시 올려 밥술 들게 했는데

　어머니 또한 약이 밥보다 많아 밥맛 잃을 때 국제시장 뒤져 사 온 우메보시 꺼내 놓으면 어머니 방언처럼 터져 나오는 옛날 펼쳐 보이는데

우메보시가 일본 음식이라 저 붉은 한 알이 왜색이라면, 사각 도시락 가운데 박아 놓아 히노마루 일장기를 닮아 친일이라면

중원 로터리에서 팔거리가 풀려나가며 욱일기를 만들어 놓은 낡은 식민지가 오래 남은 이 도시에서

나는 어머니를 위해 뭇매에 돌팔매까지 맞아도 좋다

우메보시는 찬이 아니라 약이니

어머니가 외할머니에게 내가 어머니에게 입맛 잃지 마시라고 절하며 올린 공양이니

자식이 제 오메를 위해 올리는 것은 우메보시 아니라 오롯이 어머니에게 올리는 오메를 위한

오메보시布施다

오메는 어머니 태 속에서 내가 배운 어머니의 말, 보시布施란 육바라밀 중에서 으뜸이니

이 작은 한 알로 이승에서 큰 복 짓고 간다.

2부
어머니의 자리

그림일기

맨 처음 도화지를 마주했을 때
나는 갈 수 없는 그 마을로 가기 위하여
높고 험한 산 사이로 숨은
작은 길을 그렸다
바람의 발길마저 끊어진 그 길에는
풀꽃들이 흐드러지게 피어
진종일 꿈만 꾸고 있었다

나는 좀 더 빨리 그곳으로 가기 위하여
당나귀 한 마리를 풀어 주었다
당나귀는 제 그림자 속에
아이들의 동전 몇 닢 감추고
은은한 방울 소리 울리며 뛰어갔다

「당신의 방울 소리는 정말 아름답군요」

무지개 일곱 색깔 고운 아가미를 지닌 강물 속의 물고기와
숲속의 푸른 나무들이 다가와 말을 건네자
수줍은 방울 소리는
실낱같은 눈썹달로 떠올랐다

「어두운 밤 홀로 가는 당나귀는 외롭겠다」

가만가만 산 한 채가 다가와 말했다
나는 피리를 불고 가는 사슴을
그려주었다 뒤뚱거리며
장난꾸러기 거위도 뒤따라갔다

어쩌면 영원히 가 닿을 수 없는
신화 속의 나라를 생각했는지 몰라
어머니께서 들려주신
동화의 마을을 꿈꾸었는지 몰라

하늘 한 귀퉁이에 별 하나를 그려놓자
풀꽃의 꿈속으로 별빛이 걸어 들어가
풀꽃의 꿈을 물고 가던 새의 부리가
금빛으로 부서지기 시작했다
깃털처럼 가벼워진 빛들은
내가 꿈꾸는 세상 더 밖으로 솟구치다
햇살의 미끄럼틀을 타고 그림 밖으로 달아나고
그 빛을 못내 추적하는 나의 시선이 끝나는 곳으로
마법 속에 갇혀 있는
견고한 성 하나가 어렴풋이 빛났다.

윤삼월 바다

낮은 처마 밑에 어머니는 등불을 켜겠네
부엌 무쇠솥에는 더운 미역국이 끓고
어머니의 물질에 건져 올려진 바닷게 몇 마리
윤삼월 보름 꽉 찬 알을 그 속에 풀어 넣고 있겠네
돌아오는 뱃길은 언제나 만선!
오늘도 내 그물로 찾아온 남해바다
착한 친구 객주리 샛비늘치 괴도라치 봄도다리 ……와
붉디붉은 저녁노을 가득 싣고
불어라 불어라 저녁 마파람아
내 배에도 등 푸른 지느러미를 달고
저무는 바다 건너 작은 섬 처마 낮은 집으로
오늘도 나는 욕심 없이 돌아오네
윤삼월 알찬 보름달 수평선 팽팽히 꿰고
남해바다에는 늙은 어머니의 미역국 내음
그 내음에 내 오랜 친구 바닷물고기들
뼛속 살 속까지 봄물 오르는 봄바다
윤삼월 봄바다에 팔 베고 누워 욕심 없이 돌아오네

김밥의 시니피앙

표준어로 유순하게 [김:밥]이라 말하는 것보다
경상도 된소리로 [김빱]이라 말할 때
그 말이 내게 진짜 김밥이 된다
심심할 때 먹는 배부른 김밥 아니라
소풍 갈 때 일 년에 한두 번 먹었던
늘 배고팠던 우리 어린 시절 그 김빱
김밥천국 김밥나라에서 마음대로 골라 먹는
소고기김밥 참치김밥 치즈김밥 다이어트 김밥 아니라
소풍날 새벽 일찍 어머니가 싸주시던 김빱
내게 귀한 밥이어서 김밥 아닌 김빱
김빱이라 말할 때 저절로 깊은 맛이 되는
나의 가난한 시니피앙

진해

진해, 하고 중얼거려 보면
나 키우시던 어머니의 젖 내음 난다
탑산동 산 번지 그 막다른 골목집
다디단 젖 내음 신우대 숲 바람에 날리고
젊은 어머니 건강한 젖가슴에 안긴
나를 만난다

진해, 하고 중얼거려 보면
내 입속 가득 벚나무 꽃잎 날린다
사월의 분분한 향기에 황홀해지며
꽃보다 더 붉은 얼굴로 첫사랑을 하고
터질 듯 뛰는 심장으로 첫 키스를 하던
나를 만난다

진해, 하고 중얼거려 보면
내 영혼에 물등 푸른 진해바다 출렁거린다
그 잉크 같은 바닷물에 펜을 찍어 시를 쓰며
흑백다방에 앉거나 탑산 365계단 오르며
니코스 카잔차키스와 악수하고 랭보와 결별하던

나를 만난다

진해, 하고 중얼거려 보면
마음이 먼저 정거장으로 달려가 기차를 기다린다
진해로 가는 마지막 기차 타고
고향 불빛 스미는 따뜻한 유리창에 얼굴 대고
늦기 전에 더 늦기 전에 고향으로 돌아가고 싶은
나를 만난다

변비에 대하여

자식 먹다 소화불량 된다
어머니 먹다 소화불량 된다
서정시 먹다 소화불량 된다
내가 먹은 것들 소화되지 않고
하룻밤 자고 나면 똥으로 쉬 나오지 않고
헛배 부풀어 오른다
자식과 어머니 똥으로 누기 위하여
시를 똥으로 누기 위해
하루 종일 해우소에 쪼그려 앉아
얼굴 붉어지고 몸 들끓다가 똥
달랑 똥 한 톨 내 몸 헤집고 나온다
제목과 긴 본문 뱃속에 그대로 남겨 두고
도토리 같은 마침표만 나온다
똥으로 마침표 찍었다고
불화가 끝나는 것 아니다
뱃속에서 자식은 아비의 가난과 싸운다
어머니는 아들의 불효와 싸운다
서정시는 주인의 무능과 싸운다
소화가 되지 않으면

사랑이 될 수 없는 똥
사랑이 되지 않으면
가족이 될 수 없는 똥 무더기가
내 뱃속에서 결가부좌로 굳어 가고 있다

어머니의 자리

사랑하는 사람 떠날 때
심장 속에 묻어 둔 별이 함께 사라진다

애달프게 눈물 흘리지 마라

그 별, 하늘 제자리로 돌아가
묘막한 우주에서 자식의 길 환하게 밝힌다

그곳이 어머니가 떠나온 자리다

어머니인 네가 돌아갈 자리다.

하얀 민들레

몸속 죽은 피 다 버리고 새 피 수혈받은 듯
내가 덩달아 맑아졌습니다

오랫동안 데면데면했던
당신과의 거리距離가 선명해졌습니다

내가 먼저 용서의 편지를 쏠 것입니다

사는 일이 축복이라는 생각에
하루 종일 맑은 휘파람 불었습니다.

시맛

고향 진해 앞바다에서 잡은 싱싱한 전갱이 한 마리. 깊고 어둡고 고독한 장독 밑바닥에서 또르르르 어머니의 맛 간장 한 방울 되는데 꼬박 두 해 스물네 달, 등 푸른색 사라지고, 살 녹고 뼈까지 다 녹아야 진짜 맛이 되는데

날시 한 마리 날로 잡아 와 시 만드는데 나는 너무 빠른 시간인지, 고민하지 않는 속도인지, 맵든 짜든 싱겁지도 않은, 차라리 詩지도 않은,

꽃의 모성

세찬 비바람 속에 피는 꽃 보며
때 이른 삼월에 피는 꽃 보며
꽃 떨어질까 안타까워하지 마라
꽃은 힘이 센 열매의 어머니다
세상의 모든 모성
제 자식 포기하지 않듯
꽃은 열매 맺기 전까지
꼭 잡은 손 놓지 않는
꽃가지의 금강金剛보살이다

보라, 어금니 꽉 깨문 저 어머니들.

어머니의 수틀

달빛을 길어 오고 강물 또한 놓아 보낸
어머니의 수틀 속에 한 세상이 넉넉하다
조용히 귀 기울이면 바람 소리 물소리.
남루며 시름들을 한 땀 한 땀 다스리며
전 생애 경영하는 쪽빛 비단 열두 폭에
잔잔한 손길로 새긴 순명의 세상살이.
수틀 속 길을 따라 맨발로 걷는 새벽
견고한 욕망의 껍질 겸허히 풀어지고
무욕의 손길에 젖어 마음 모두 비워지고.

어머니의 고래

우리 어머니 고래고기 장수 밤을 새워 고래를 잡고
새벽이면 고래고기 머리에 이고 시장으로 나가신다
어린 나는 고래가 밉고 고래고기 장수 어머니가 부끄러워
눈을 감고 귀를 막아도 고래고기 장수 어머니의 목소리

나는 미운 피노키오 고래 뱃속에 갇힌
코가 큰 피노키오 나무 인형 피노키오
어머니는 고래고기를 팔아 날 키우시고 공부시켰네

고래잡이도 끝나고 어머니도 돌아가시고
나는 빈 바다를 떠도는 외로운 고래 한 마리
보고 싶어라 우리 어머니
다시 듣고 싶어라 어머니의 목소리

우리 어머니 고래고기 장수 밤을 새워 고래를 잡고
새벽이면 고래고기 머리에 이고 시장으로 나가신다

3부
아버지 날 기르시니

아버지*

아버지는 어두운 밤 홀로 비수를 갈았다
서걱서걱 내 잠이 베어졌다
달은 뜨지 않았다 그래서 바람조차 불지 않았다
간혹 무리지어 죽어가는 牛馬들의 비명이 들렸다
나는 자꾸만 비겁해져 갔다 아버지
서걱서걱 날빛에 절망만 섬세히 잘려 나갔다.

*'5개의 變奏(禪, 마음비우기, 빈들에서, 그리움, 아버지)' 중 한 편.

꼬리별

별이 지는 곳에는 누가 살고 있습니까
이름도 얼굴도 알 수 없는 그 누가 그리워집니다
오늘도 꼬리별이 지는 빈 들판에 서서
아버지 당신이 사시는 그 먼 나라를 생각합니다
언젠가 돌아갈 나의 마지막을 생각합니다

나도 저렇게 슬픔으로 이름 되고 싶습니다

흑백 사진
-그 여자

마루 끝에 걸터앉은 아버지는 말이 없었다. 저녁 햇살에 길어진 감나무 그림자가 그 곁에 눕고 댓돌 위에는 가을 하늘처럼 맑은 옥색 고무신 한 켤레가 단정하게 놓여 있었다. 어머니 낮은 목소리 사이 가끔씩 낯선 울음소리가 흘러나와 안방 문풍지를 적시고 툭툭 할머니의 타이르는 소리 무겁게 새어 나왔다. 시나브로 어둠이 집 구석구석 찾아왔지만 어느 누구 등불을 켜지 않았다. 이윽고 방문이 열리고 조용히 밀리는 스란치마 밑으로 흰 버선코가 잠시 돋았다 사라졌다. 나는 그 여자의 얼굴을 보고 싶었지만 사마귀가 난 손이 자꾸만 부끄러워 고개를 들 수 없었다. 그 여자의 고무신 잠시 아버지 곁에 멈추어 서는 듯 이내 사라졌다. 아버지는 돌아앉아 말이 없었지만 어둠 속에서 견고한 어깨가 조금씩 흔들리고 있는 것이 보였다.

봄비

저기 낡은 양철 지붕 밑 막다른 작은 골목
어린 옆구리에 끼고 누운 유년의 방 하나
낮은 눈물에 양철 지붕이 큰 소리 내어 울고
서늘한 슬픔에 몸서리치며 깨는 새벽잠
누구일까 저벅저벅 골목 지나는 발자국 소리
웅크린 내 몸 밟고 가는 젖은 발자국 소리
눈뜨면 깊은 산속 홀로 누운 아버지 생각
봄비에 젖어 추울 아버지의 집

젊은 아버지를 걱정하는 늙은 아들의 눈물
저벅저벅 내 슬픔의 옆구리를 밟고 오는 저 봄비

따뜻한 달걀

- 닭이 먼저냐 알이 먼저냐

1970년부터 아버지는 부재중이다
그 오랜 세월 동안 아버지는 무얼 하고 사셨을까
단 한 번 꿈속으로 찾아오신 아버지
아무 말씀 없이 건네주는 달걀 하나

아버지와 함께 타고 가는 경전선
푸른 완행열차가 떠나가고
점심 삼아 사 주시던 삶은 달걀 냄새
따뜻한 껍질 깨끗이 벗겨 주던 아버지의 손
혀끝 짠 소금 맛과 함께 되살아나는
아버지의 수수께끼

지루한 기찻길 칙칙폭폭 칙칙폭폭
알이 없으면 닭은 어디에서 태어났느냐
닭이 없으면 알은 누가 낳았느냐
칙칙폭폭 칙칙폭폭 지루한 기찻길

끝없는 아버지의 화두에 지쳐 잠들면
아버지 손 내 눈꺼풀 위 잠을 부드럽게 덮고
내 손에 꼭 쥐어진 달걀 하나
나는 아버지의 손에 꼭 쥐어진 따뜻한 달걀 하나

- 알이 먼저냐 닭이 먼저냐

아버지의 달걀 속에서 내가 태어나고
내 달걀 속에서 아버지가 태어난다

사진도 늙는다

잠시 왔다 간 세상에 사진 한 장 남기신 아버지
20대 후반 공군 시절 닫힌 격납고 배경으로
푸른 군복, 여전히 차가운 얼굴로 서 있는 아버지
어머니 몰래 한 20여 년 그 사진 숨겨 두고 아버지를 추억한다
신기하다, 닮고 싶지 않았던 사진 속의 아버지 내가 닮아 가고
사진 속의 아버지는 흘러가는 세월과 함께 하루하루 늙어 간다
늙으신 어머니 그 곁에 나란히 서면 어울릴 듯
배경 풍경들 욕심 없이 늙어 간다
신비한 시간의 힘이여
사진 속에서 시간은 쉬엄쉬엄 흘러가
사진 밖의 세상과 사람과 함께 늙어 간다
사진 속에 담긴 추억이며 슬픔 쭈글쭈글 김빠져 간다.
이제 사진은 더 이상 옛 모습으로 남아 우리를 기다리지 않는다
잊고 살아온 사진을 찾아 펼쳐 보라
사진도 늙는다! 우리와 함께

아버지, 내 소리 저편의 세상에 살고 있는

그해 사월, 아버지의 소리는 길 위에서 끝났지만
자세히 들여다보면 아버지의 삶과 죽음 사이에 얇은 막 하나가 막고 있다
그 막 저편의 아버지는 살아 있고 이편의 아버지는 부재 중이다
고막을 울린 소리들이 귓속으로 사라지듯
"아버지"하고 부르면 이내 차안此岸에서 피안彼岸으로 사라지고 마는 소리
아버지의 나이를 살고서도 나는 저쪽의 아버지를 모르고
그리운 소리들이 돌아가 쌓이는 곳을 알지 못한다
내 소리 저편의 세상에 살고 있는 아버지
무음無音의 싸리비로 그 소리들을 홀로 쓸고 계신지
그 소리들을 모아 조용조용 축음기에 담고 있는지

몸 · 2

아버지 괴로운 듯 숨을 쉬고 계셨지만
金 군의관은 얼굴을 좌우로 흔들며 사망을 선고했다
金 군의관은 아버지의 오랜 친구
각진 얼굴에서 날카롭게 잘려 나오던 슬픔에 덮여
아버지의 짧은 삶 그 길 위에서 마감되고
1936~1970, 아버지의 생몰연대
달아날 수 없는 튼튼한 괄호 속에 갇혀 버렸다
아직 살아 숨 쉬는 젊고 건강한 몸을 두고
아버지 몸속의 아버지 어디로 가셨는지

이제 돌아오세요 아버지

홍시

양산 신평장 지나다 홍시 장수를 만났네
온전한 몸으로 늦가을에 당도한 감의 생애는
붉은 광채의 詩처럼 눈부셨네
신평은 아버지 감꽃 같은 나이에 중학을 다니셨던 곳
그러나 아버지의 생은 너무 짧아
붉게 익기도 전에 떨어져 버린 풋감이었네
헤아려 보니 아버지 살아 계셨으면 올해 甲年
홍시를 좋아하실 연세, 드릴 곳 없는 홍시 몇 개를 사며
감빛에 물들어 눈시울이 자꾸 붉어졌네.

바람개비

바람개비가 바람을 부르는 주술인 줄 알았다, 그때
나는 초등학교 사 학년이었고 봄부터 아버지는 세상에 계시지 않았다
슬픔의 오색 색종이로 바람개비를 만들어 방안에 서면
아버지의 방에는 분명 바람이 없는 것 같은데 바람개비가 돌고
바람개비를 빠져나온 바람이 핑그르르 나를 돌렸다
그 혼절할 듯한 바람 앞에서 아버지 바람이 되어 나를 찾아오셨구나
나도 알 수 없는 그리움의 방언으로 아버지를 부르고
깨어나면 빈 마당에는 벚꽃이 눈처럼 날리고 있었다
어머니는 이마를 짚으며 어린 아들의 풍병을 걱정하셨지만
나는 바람이 머물다 가는 회추리의 작은 일렁거림에도 눈시울을 적셨고
푸른 보리밭 이리저리 그려지는 바람의 몸을 보며 눈물을 흘렸다
바람이 나를 키웠고 그 눈물이 나에게 시를 가르쳐 고개 넘어 여기 왔으니

이제는 내가 회억의 바람이 되어 돌아가야 하는데
바람개비를 돌리는 바람이 되어 돌아가야 하는데

사월, 진해

1

　사람들은 꽃이 피는 즐거운 때만 알 뿐이다. 꽃이 지는 슬픔의 시간은 기억하지 못한 채 몰려왔다 몰려가며 바다가 있는 도시에 또 다른 바다를 만드는 사월. 하늘에 폭죽이 터지고 땅의 나무에는 축등이 켜지는 만개滿開의 팽팽한 해안선을 배경으로 아버지가 남긴 흑백 사진 한 장, 단기 4203년 사월, 진해라고 적힌 기념사진. 아버지는 자신의 꽃이 지는 시간을 예감하셨을까. 그해 사월에 진해를 떠나며 근엄했던 아버지가 사진에 남긴 마지막 환한 웃음.

2

　그해 사월 꽃피우는 큰 나무를 잃은 마당에 나는 작은 뿌리 하나로 남았다. 사월이면 꽃잎들을 눈처럼 날리던 저녁 바람에게서 서툴게 서툴게 휘파람을 배웠고, 잔치가 끝나고 사람들이 떠나간 파장의 쓸쓸한 밤길이 나를 키웠다. 비에 젖어 돌아와 웅크리고 잠들었던 밤들이 있었으니, 그 젖은 잠을 저벅저벅 밟고 나를 찾아오시던 사월의 아버지. 어서 꽃피우고 싶었다. 빈 마당에 성숙의 깊은 뿌리내려 아버지 가지 끝까지 꽃을 밀어 올리며 남쪽 바다 저편 아특히 먼 섬으로 날려 보내고 싶었다.

3
해마다 사월이 오면
싸락눈 같은 꽃잎을 앞세워
내 마당으로 돌아오시는 아버지
사월에, 진해라고 중얼거려 보면
나는 아직도 입속에 씹히는 아버지의 잎

무巫-아버지

…… 그렇게 아기 무당 잘못 놓여진 내 서러운 운명의 돌다리 헤아려 주고 짚어 주다 문득 던지는 아버지 말씀, 아버지, 아버지 내 걱정하신다고 서른여섯 해 전 세상 떠나신 아버지, 이승의 늙은 아들 걱정하시는 저승의 젊은 아버지, 아기 무당의 눈으로 차안此岸의 나를 보시는 피안彼岸의 아버지, 아버지에게 받은 오장육부 얼음 되어 차가워지는데 가슴에, 가슴에서 그 얼음 녹이며 터져 나오는 뜨거운 눈물, 아버지, 아버지, 아버지

묘묘杳杳한 밤

동쪽으로 은 순가락 꽂힌 아비의 마흔세 번째 젯밥

그 젯밥 숭늉에 마는 열 살부터 부선망독자父先亡獨子인 설늙은이에게

잘 먹고 가네, 어깨 툭 치고 가는 저승에서 오는 말씀

이승의 경계를 흔들며 은 순갈 가득 묘묘杳杳하게 전해 오는

음력 삼월 스무사흘, 아버지 아버지.

고래, 孤來

고래가 제 새끼 낳는
영상을 본 적이 있어
망망 바다 깊고 어두운 곳에서
어미 고래가 자궁을
가죽점퍼 지퍼처럼 열자
새끼 고래가 헤엄쳐 나왔어
엄마, 아비 고래는 어디 있어?
새끼 고래가 어미 고래에게
그날의 나처럼 물어보았을까?
어미 위하여 새끼 위하여
촛불 하나 밝히는 손 없이
탯줄 끊어 주는 손 없이
검고 고독한 의식이 진행되는 동안
바다가 할 수 있는 일은
내 아비처럼 침묵하는 일뿐이었어
아비 고래는 어디 있어?
나는 열 살 때부터
지상에서 부재중인 아비를
진해 바다에서 찾았지만

아비는 돌아오지 않았어

나의 시도 孤來

아비 없는 눈물에서 내 시 나왔듯

고래도 고독한 곳에서 온 生 것이야

고래여, 새끼 고래여

고독한 곳에서 너 헤엄쳐 나왔으니

너도 나처럼 고해의 밑바닥에서 왔으니

70년 목숨 온전히 산다면

고독하면 깊어지고

깊어지면 고통스러운

부정할 수 없는 바다의 수압처럼

사는 내내 아프지 않은 날 없으려니

4부
어머니 가신 후에

어머니의 주술

그때부터 심하게 아프기 시작했다.

어머니 당신의 피조물인 내게 무심히 주술을 걸었는데
-음력 유월 지나면 괜찮을 것이다.

내 신병에 걸린 긴 해제 시간이 오기까지
나는 속수무책 무너졌다.

이러다 미칠 수 있다, 는 생각을 했다.

음력 유월의 끝과 칠월 첫 시작 사이

밤새 천둥 벼락에 오래 오지 않던 비가 쏟아졌다.
음력 칠월이었다, 나는 나를 털고 일어섰다.

청포도가 익기 시작한다는 그 시간이었다.

공짜 시인

어머니는 당신 살과 피를 녹여
모성의 젖 만들어 나를 주셨다

나무는 제 정수리에 뜨거운 여름 볕
종일 받아 가며 깊은 그늘 만들어 준다

꽃은 귀한 꿀을 만들어 벌 나비 봉양하며
제 씨 감사하며 받는다

나는 이 세상에 와 시를 쓰며
공짜로 자연 받아 시 쓰며

희생이란 거룩한 말 앞에 얼마나 부끄러운가.

여든일곱 살, 어머니

무인戊寅생 내 어머니
우리 나이 여든일곱 살을 살며
자주 불안해하신다
어머니 수십 년 전 고향 진해서 유명했던
어느 역술인이 풀이한 당신의 운명을 회억하며
여든일곱 이후의 이야기가 더 없어 궁금해 물어보고
여든일곱까지가 어머니 수명壽命이라 알고 믿고 살았다
그때 같이 찾아간 옛친구는
예순 몇 살까지만 풀이가 나왔는데
그 나이쯤에 세상을 떠나 더더욱 어머니의 운명이 되었다
음력 이월 여드레 생신 지났으니
이 정부 나이로 여든여섯 살 지나고
일곱 달을 더 넘었다
우리나라 여성 평균수명이라는 86.6세보다 더 사는데
어머니 골시멘트 시술을 하고 병실에 누워
자꾸만 나이 여든일곱 살을 주술인 듯 되풀이한다
남편 잃고 서른두 살에 청상과부가 되어
아들딸 둘 혼자 키우며 험한 세파 헤쳐 나온 어머니
당신의 눈물 많은 일생을 운명으로 받아들이면서 살았다

힘들고 병이 깊을 때는
여든일곱 살까지 산다는 믿음으로 견뎠는데
그 연세에 이르러 깊어지는 걱정 앞에
세상에 없는 역술가를 찾아 데려와서
다시 어머니 괘卦를 물어보고 싶다.

점강漸降의 사랑

사랑, 아득하고 먼 어디어디 같은 곳

그곳에 오는 삼월 서설瑞雪 같은 것

따듯한 눈 쌓인 밑에 푸른얼음장 더 밑에

조용조용 흐르는 맑은 물소리

그 소리 안에서 알 스는 물고기 걱정의 숨 같은

귀를 대면 강바닥 아래 단단한 자갈돌 더 아래

작은 한 알 한 알마다 첫눈 뜨는 착한 생명들이

처음 만나는 환한 세상 같은,

돌아보면 어머니 달콤한 젖꽃판 같은.

접시꽃나무

하얀 꽃 접시에 불두화를 그득 담아
어머니께 올리는 파일 아침 공양
요양병원서 콧줄 달고부터
먹는 맛 모르고 사신 어머니
안국사 접시꽃나무* 꽃을 피워
하얀 접시 삼아 드시고 싶은 모든 것들
다 담아 배불리 드셔요
쓴 것은 꽃꿀 찍어 드시고
짠 것은 잎에 담긴 이슬에 씻어 드셔요
어머니 이제 많이 드셔요
어머니 먼 길 떠나시기 전에 많이 드셔요.

*백당나무의 다른 이름

꽃장葬

어머니. 이젠 하얀 민들레로 오셔요.
고성 안국사 대웅전 뒤편 산기슭에 꽃장葬한
어머니의 꽃밭으로, 어머니의 이름으로
우리 꽃 하얀 민들레로 오셔요.
한 꽃밭 가득히 피어서 오셔요.
서른둘에 홀로 돼 사신 반백 년에
몇 해 더 더한 세월은
눈물 피눈물로 다 적지 못할 시입니다.
목이 메어 다 부르지 못할 노래입니다.
하얀 민들레는 어머니의 꽃입니다.
일편단심의 거룩한 꽃입니다.
어린 남매 데리고 한恨의 바다를 떠돌다가
마지막 항구로 돌아온 노스탤지어의 귀항입니다.
마지막 살다 가신 음력 사월 초하루
봄비로 오셔서 민들레로 일어서셔요.
바람으로 돌아와 하얀 민들레로 걸어오셔요.
천왕산 산정까지 하얀 꽃들이
다 함께 맨발로 일어서 춤추게 하셔요.
하얀 민들레꽃들 둥근 법열의 꽃씨로 맺혀

도리천으로 훨훨 날아가게 하셔요.
저도 다시 어머니의 꽃으로 활짝 피게 하셔요.
우리 모두 피어나 어머니께로 돌아가게 하소서.
언제나 따스했던 어머니 슬하로.

어머니의 삼층탑이 되어

어머니 지금 어디쯤 가시고 계실까
어머니 모신 장례식장의 새벽
작고 작아지시다가 종잇조각에
현비유인순흥안씨신위
지방紙榜으로 앉은 어머니
눈물도 마른 불효자는
새가 되어 날아 가실까
바람이 되어 불어 가실까
어머니 생각하는데
어머니 추억하는 생전 만 가지 일마다
모든 것이 내 잘못뿐이다
나는 그 죄로 돌인 듯 쇠인 듯 자꾸 무거워진다
죄 많은 몸 정으로 깨고 쪼아
어머니 가시는 나라에
삼층탑이 되어 어머니 업고 가고 싶다
어머니 도리천으로 들 때까지
어머니의 탑이 되고 싶다.

어머니란 그 넓은 바다를

효란 자식이 평생 지고 가는

업보의 무거운 짐이라 생각했다.

그래서 홀어머니께 짜증을 냈던 일이 잦았다.

어머니 저세상으로 떠나시고 알았다.

효란 가없는 슬픔이라는 것을.

어머니란 그 넓은 바다를

방울방울 내 회한의 눈물로만

그 바다 다 마를 때까지

모두 퍼내는 일이라는 것을.

사진, 어머니 아버지의 2025년

어머니 남기신 사진 정리하다가
어느 모임에서 아버지와 찍은 흑백 사진이 있었다
1969년의 일이었는데
두 분 사이에 무슨 일이 있었는지
단체 사진 끝과 끝에서 남인 듯 찍혔다
어머니는 약간 화가 난 표정이었다
아버지는 굳은 표정이었다.
AI에 부탁해 두 분을 웃으며 사이좋은
지브리 스타일의 사진을 부탁했다
아버지 55년 전 먼저 떠나셨고
어머니 55년 만에 아버지께 가시는데
반백 년이 더 지나 만나는 두 분
사랑했던 옛날처럼
다정하시길 바라는 자식 마음이
그 먼 나라에 전해지길
AI 사진에 담았다
젊은 아버지 건강하시고
예쁘신 어머니 환하게 웃으시니
55년 만의 신혼의 깨소금 내음

자식들에게 진하게 전해지겠다
아버지 좋으시죠?
어머니 행복하시죠?
대답이 없어도 다 알 수 있는
어머니 아버지의 2025년, AI 사진 한 장.

시인의 이유

1970년 젊은 아버지 세상 떠나시며

유산으로 남긴 것은

가난의 남루와 어머니의 눈물

지독했던 가난과 어머니의 눈물 피눈물이

나를 시인으로 만들었다

아버지, 나에게 시를 주셨으니

어머니, 나를 시인으로 만드셨으니

내가 시를 쓰는 일은 아버지 어머니의 선물

내가 시인인 것 역시

아버지 어머니의 바람이었으니

내가 시인인 이유에 두 분이 계시니.

다시 그분들의 아들로 돌아가는 날까지

죽자사자 내 할 일은 시를 쓰는 일이니.

| 해설 |

꼭, 꽃으로 다시 오세요.

한명희(시인. 강원대 교수)

1. 너무 일찍 떨어져 버린 풋감, 아버지

시집을 읽다가 조금 울었습니다. 좀처럼 없던 일이라 스스로 당황해서 시집을 덮어버렸습니다. 시집의 1, 2부를 다 읽고 3부를 읽다가 일어난 일이었습니다. 3부의 소제목은 "아버지 날 기르시니"입니다. 1부, 2부가 어머니에 대한 시라면 3부는 아버지와 관련된 시들입니다. 1부, 2부를 읽으면서 쌓아놓았던 슬픔이 3부에 와서 터져버린 것일까요? 아니면 3부에 그려진 아버지 이야기가 너무 슬펐던 것일까요? 더 울고 싶지는 않았지만 "요새 나를 울리는 시집이 다 있네" 싶은 생각이 들어 시집의 뒷부분이 다시 궁금해졌습니다. 내가 시 때문에 울다니요? 그러나 남의 슬픔을 잠시 훔쳐본 것이라 그런지 제 슬픔은 금방 가라앉았고 다시 이어서 시집을 읽었습니다. 그러나 이 시를 읽다 말고 다시 조금 울었습니다.

양산 신평장 지나다 홍시 장수를 만났네
온전한 몸으로 늦가을에 당도한 감의 생애는
붉은 광채의 詩처럼 눈부셨네
신평은 아버지 감꽃 같은 나이에 중학을 다니셨던 곳
그러나 아버지의 생은 너무 짧아
붉게 익기도 전에 떨어져 버린 풋감이었네
헤아려 보니 아버지 살아 계셨으면 올해 甲年
홍시를 좋아하실 연세, 드릴 곳 없는 홍시 몇 개를 사며
감빛에 물들어 눈시울이 자꾸 붉어졌네.

— 「홍시」

시 「홍시」에 대해 이야기 하기 전에 이것부터 말씀드려야겠군요. 정일근 시인의 시집 『꽃장』은 시인의 돌아가신 부모님께 바쳐진 시집입니다. 책의 앞날개를 보면 『꽃장』이 2025년 4월 세상을 떠난 어머니 안숙자 여사를 추모하며 엮은 시집이라고 되어 있습니다. 시집을 내게 된 직접적인 계기는 어머니의 별세지만, 이 시집은 어머니와 아버지 두 분에 대한 헌사라고 할 수 있습니다. 정일근 시인은 초등학교 때 아버지를 잃었다고 합니다. 시집의 3부에 실린 14편의 시는 모두 아버지에 대한 것입니다. 부부 대부분이 그렇겠습니다만 특히 정일근 시인의 어머니의 일생은 남편, 그러니까 정일근 시인의 아버지를 떼어놓고는 이야기할 수 없을 것입니다. 남편의 너무 이른 죽음이 아니

었다면 어머니의 삶도 그렇게 굴곡지지는 않았을 테니까요.

　여러분은 다른 사람의 가족 서사에 쉽게 공감하는 스타일인지요? 가족 서사가 직접적으로 드러나는 문학 작품을 좋아하시는지요? 저는 어느 쪽이냐면 가족 서사라면 일부러라도 멀리하는 편입니다. 우선은 저 자신이 남에게 내놓을 만한 가족을 두지 못해서겠지만 다른 사람의 은밀하고도 세세한 가족사를 알게 되는 것이 부담스럽습니다. 그리고 가족사를 얘기할 때 흔히 따르는 그 감상성이 저는 싫습니다. 대부분의 사친곡思親曲은 부모의 은혜를 강조하고 다시 뵐 수 없는 부모에 대한 비탄을 드러내더라고요. 효에 대한 강조도 보이고요. 『꽃장』에 이런 요소가 전혀 없다고는 할 수 없겠지만 정일근 시인의 사친곡, 특히 사부곡에는 다른 면이 있었습니다.

　인용한 시「홍시」를 보겠습니다. 시는 어려운 말 없이 담백한 비유로 이루어져 있습니다. 짧은 생을 살다 간 아버지를 붉게 익어 홍시가 되기 전에 떨어져 버린 풋감으로 비유한 것이지요. 그런데 이 시에서는 풋감을 떠올리게 되는 장소가 중요합니다. 시인은 양산에 있는 신평장을 지나다 홍시 장수를 만나게 됩니다. 신평은 아버지가 중학교를 다녔던 곳입니다. 시인이 아버지의 중학생 시절을 보았을 리 없는데, 신평에 가서 아버지를 떠올리게 되는 것은 시인이 늘 아버지의 일생을 복원하며 살았던 때문이 아닐까요? 아마도 시인은 아버지와 연관되는 것이라면 어떤 것도 놓치지 않고 살고 있지 않을까요? 시인은 "아버지 살아 계셨으면 올해 甲年"이라고 합니다. 갑년은 단순히 60번째 생일이 아닙니다. 한 생의 순환을 완주하고 다시 서는 날이 회갑입니다. 그런데 아버지는 생의 한 주기도 채우지 못하고 돌아가셨습니다.

그런데 저는 이 시에서 풋감처럼 일찍 떨어져 버린 아버지에 대한 그리움보다 너무 일찍 생을 마감한 아버지에 대한 안타까움과 애처로움에 더 주목하였습니다. 아버지에게 홍시를 드리고 싶다는 마음은 아버지를 돌봐드리고 싶다는 마음이라고 할 수 있겠습니다. 이제는 자신이 충분히 아버지를 보살펴 드릴 수 있는데 곁에 안 계시기에 돌봐드릴 수도 없다는 안타까운 말입니다. 정일근 시인이 아버지를 이야기할 때, 그것은 대부분 아버지에 대한 연민으로 이어집니다. 저를 울게 했던 이 시에서처럼요.

저기 낡은 양철 지붕 밑 막다른 작은 골목
어린 옆구리에 끼고 누운 유년의 방 하나
낮은 눈물에 양철 지붕이 큰 소리를 내어 울고
서늘한 슬픔에 몸서리치며 깨는 새벽잠
누구일까 저벅저벅 골목 지나는 발자국 소리
웅크린 내 몸 밟고 가는 젖은 발자국 소리
눈뜨면 깊은 산속 홀로 누운 아버지 생각

봄비에 젖어 추울 아버지의 집

젊은 아버지를 걱정하는 늙은 아들의 눈물
저벅저벅 내 슬픔의 옆구리를 밟고 오는 저 봄비
　　　　　　　　　　　　　　－「봄비」

　정일근 시인의 아버지를 생각하는 마음에는 그리움보다는 아버지를 보살피고 싶은 마음이 앞섭니다. 시인이 아버지에게 받고 싶은 사랑보다 돌려드리고 싶은 사랑이 더 많은 것이지요. 이것은 받은 것의 일부라도 돌려드리겠다는 '효'의 마음과는 다릅니다. 내가 어른이 되었으니 여전히 아이인 채로 기억되고 있는 아버지를 돌보고 싶은 마음입니다. 인용한 시「봄비」에서는 "깊은 산속 홀로 누운 아버지 생각", "봄비에 젖어 추울 아버지의 집"에 대한 걱정이 "늙은 아들의 눈물"로 이어지고 있습니다. 심리학자들은 '내면의 아이'를 얘기하더라고요. 어른이 되어도 마음속 깊은 곳에는 어릴 적에 형성된 자아가 존재한다는 거지요. 그리고 이 내면의 아이가 우리의 행동과 감정을 지배하게 된다고 합니다. 정일근 시인의 내면 아이는 아버지의 외로움과 추위를 걱정합니다. 그러니까 우리는 이 시에서 "늙은" 정일근 시인과 함께 "유년"의 정일근 시인을 보게 됩니다.
　그러나 이 시는 시인의 개인적인 서사를 뚫고 한 걸음

더 나아갑니다. 이 시를 정일근 시인의 아버지에 대한 연민의 시가 아니라 너무 일찍 생을 마감한 어떤 사람에 대한 연민의 시로 읽을 수는 없을까요? 내 나이만큼도 살지 못하고 먼저 가버린 사람들에 대한 추모의 시로 읽을 수는 없을까요?

2. 말씀 철학, 어머니

기억에 의존하는 글은 대부분 '서사성'을 띠게 됩니다. 소설가들이야말로 기억의 주인공이지요. 정일근 시인의 『꽃장』도 많은 부분을 기억에서 가져오고 있습니다. 기억이 많다는 건 시간의 흐름이 많이 드러난다는 것이기도 하지요. 어머니를 소재로 한 시들이 그러합니다. 시집의 1부가 "어머니 날 낳으시고"라는 소제목으로 되고 있고 2부는 "어머니의 자리", 4부는 "어머니 가신 후에"로 되어 있습니다. 각 부의 제목만 보아도 이 시집에 어머니와 얽힌 과거의 일들이 많이 나오겠구나 짐작할 수 있습니다. 과거를 소환하는 시가 많다 보니 이 시들을 통해 어머니의 생애를 소설처럼 엮어볼 수도 있겠습니다. 아버지에 대한 기억은 비어 있는 부분이 많아 서사보다는 상상력에 의존하게 됩니다. 덕분에 그런 시는 서정성을 얻게 됩니다. 이에 비해 어머니에 대한 기억은 구체적이고 생생한 것이 많습니다. 서사적인 이야기를 하면서도 서정성과 언어의 리듬을 잃지 않는 것이 정일근 시의 특징이라고 할 수 있는데, 어머니와 관련된 시들도 이러한 점이 그대로 드러나고 있습니다.

시집을 통해 드러나는 어머니의 일생은 이렇습니다. 정일근 시인의 어머니는 무인戊寅생으로 일본에서 태어났습니다. 그의 어머니, 그러니까 정일근 시인의 외할머니가 왜정 때 일본에 살러 갔기 때문입니다(「오메보시」). "해방 후 소학교 2학년이 최종 학력"(「신문지 밥상」)입니다. 서른두 살에 청상과부가 되어 아들딸 둘을 혼자 키웠습니다(「여든일곱 살, 어머니」). 진해 아구찜 집을 오래 했습니다. 아구가 생의 동반자일 정도로요(「아구」). 칠순 무렵에는 7시간에 걸친 수술을 받기도 했고, 팔순에는 눈 수술을 했습니다. 아흔이 넘은 외할머니를 오래 간병하기도 했습니다. 마흔 넘은 아들이 "병에서 삶으로 돌아온"(「목욕을 하며」) 적이 있습니다.

어머니 삶의 면면이 모두 드라마 같습니다만, 우리가 더욱 주목해야 할 것은 시인 아들을 둔 어머니의 면모일 듯합니다. 많은 예술가가 자신을 예술가의 길로 이끈 사람으로 어머니를 이야기합니다. 어디 예술가뿐일까요? 세계적인 음악가나 스포츠 스타 중에도 자신의 성공 뒤에 어머니가 있다고 말하는 경우가 많습니다. 그런데 정일근 시인의 시를 읽으면서 이들 위대한 어머니 중에서도 시인의 어머니는 좀 더 특별한 존재구나 새롭게 깨닫게 됩니다.

어머니는 그륵이라 쓰고 읽으신다
그륵이 아니라 그릇이 바른 말이지만
어머니에게 그릇은 그륵이다
물을 담아 오신 어머니의 그륵을 앞에 두고
그륵, 그륵 중얼거려 보면
그륵에 담긴 물이 편안한 수평을 찾고
어머니의 그륵에 담겨졌던 모든 것들이
사람의 체온처럼 따뜻했다는 것을 깨닫는다
나는 학교에서 그릇이라 배웠지만
어머니는 인생을 통해 그륵이라 배웠다
그래서 내가 담는 한 그릇의 물과
어머니가 담는 한 그륵의 물은 다르다
말 하나가 살아남아 빛나기 위해서는
말과 하나가 되는 사랑이 있어야 하는데
어머니는 어머니의 삶을 통해 말을 만드셨고
나는 사전을 통해 쉽게 말을 찾았다
무릇 시인이라면 하찮은 것들의 이름이라도
뜨겁게 살아 있도록 불러 주어야 하는데
두툼한 개정판 국어사전을 자랑처럼 옆에 두고
서정시를 쓰는 내가 부끄러워진다

— 「어머니의 그륵」

두툼한 개정판 국어사전을 '자랑처럼' 옆에 두고 서정시를 쓰는 이름난 시인이 어머니의 비표준어 '그륵' 앞에서 부끄러움을 느끼게 되는 이유는, '그륵'이라는 어머니의 언어가 삶을 통해 만들어진 것이라는 것을 알게 된 때문입니다. 자신이 사전을 통해 '그릇'이라는 말이 바른말이라고 아는 것과는 다르게 말이지요. 시인이라면 하찮은 것들의 이름이라도 뜨겁게 살아 있도록 불러 주어야 한다는 깨달음을 주는 것도 어머니입니다. 시가 어떻게 '언어'의 문제일까요? 시는 삶이고 인생입니다. 시인의 어머니는 삶으로, 인생으로 시를 보여주는 것이나 다름없습니다. 어머니의 삶을 비롯, '말씀 철학'이 그대로 정일근 시인의 시가 되는 일은 이 밖에도 여러 시편에서 드러납니다.

> 신문질 신문지로 깔면 신문지 깔고 밥 먹고요
> 신문질 밥상으로 펴면 밥상 차려 밥 먹는다고요
> 따뜻한 말은 사람을 따뜻하게 하고요
> 따뜻한 마음은 세상까지 따뜻하게 한다고요
> 어머니 또 한 말씀 가르쳐 주시는데요
>
> 해방 후 소학교 2학년이 최종 학력이신
> 어머니, 우리 어머니의 말씀 철학
> ―「신문지 밥상」 부분

밥상 차려 놓았으니 너는 밥 먹고

고양이는 밥 차려 드려라
꼭 데워서 따뜻한 밥 드려라
추운 날 찬밥 주는 일
그것은 죄가 된다

- 「밥 보리살타(菩提薩埵)」 부분

이 두 편의 시만 보다라도 정일근 시인이 "나는 어머니 계셔 시인이 되었고/ 어머니 말씀 받아 시를 쓴다"(「아, 시다 시」)고 하는 것은 조금도 과장이 아닌 듯합니다. 정일근 시인은 「시인의 이유」라는 시에서 "아버지, 나에게 시를 주셨으니// 어머니, 나를 시인으로 만드셨으니// 내가 시를 쓰는 일은 아버지 어머니의 선물// 내가 시인인 것 역시// 아버지 어머니의 바람이었으니// 내가 시인인 이유에 두 분이 계시니.// 다시 그분들의 아들로 돌아가는 날까지// 죽자사자 내 할 일은 시를 쓰는 일이니."라고 한 바 있습니다. 물론 아버지, 어머니 두 분이 정일근 시인을 시인으로 만드셨겠지만, 어머니는 그 자신이 시인이었다는 생각이 듭니다.

3. 꽃의 회귀, 꽃장

어머니, 이젠 하얀 민들레로 오셔요.
고성 안국사 대웅전 뒤편 산기슭에 꽃장(花葬)한
어머니의 꽃밭으로, 어머니의 이름으로

우리 꽃 하얀 민들레로 오셔요.
한 꽃밭 가득히 피어서 오셔요.
서른둘에 홀로 돼 사신 반백 년에
몇 해 더 더한 세월은
눈물 피눈물로 다 적지 못할 시입니다.
목이 메어 다 부르지 못할 노래입니다.
하얀 민들레는 어머니의 꽃입니다.
일편단심의 거룩한 꽃입니다.
어린 남매 데리고 한(恨)의 바다 떠돌다가
마지막 항구로 돌아온 노스탤지어의 귀향입니다.
마지막 살다 가신 음력 사월 초하루
봄비로 오셔서 민들레로 일어서셔요.
바람으로 돌아와 하얀 민들레로 걸어오셔요.
천왕산 산정까지 하얀 꽃들이
다 함께 맨발로 일어서 춤추게 하셔요.
하얀 민들레꽃들 둥근 법열의 꽃씨로 맺혀
도리천으로 훨훨 날아가게 하셔요.
저도 다시 어머니의 꽃으로 활짝 피게 하셔요.
우리 모두 피어나 어머니께로 돌아가게 하소서.
언제나 따스했던 어머니 슬하로.

- 「꽃장葬」

여러분은 '꽃장'이라는 장례에 대해 알고 계셨는지요?

저는 이 시집을 통해서 처음 알았습니다. 실재하는 장례 방식이 아니고 상징적으로 '꽃장'이라는 말을 쓴 것인 줄 알았으나 이런 장례법이 우리나라에 있더라고요. 유골을 뿌리고 그 위에 꽃밭을 만드는 것이라고 합니다. 물론 '꽃장'을 꽃처럼 아름다운 장례라는 의미로 읽어도 아무 문제 없을 듯합니다. 사실 제가 "꽃장"이라는 시집 제목에서 제일 먼저 떠올렸던 것은 정일근 시인의 이전 시집 『꽃 지는 바다, 꽃 피는 고래』였습니다. 정일근 시인이 누구입니까? 고래의 시인 아닙니까. 그의 시력 40년 내내 그를 떠나지 않은 것이 '고래'였습니다. 그의 시에서 고래는 그가 사랑하는 사람이자 어머니이며 아버지이기도 했습니다. 그런데 언제부터인가 시의 무게 중심이 '고래'뿐 아니라 '꽃'에도 놓이는 느낌이었습니다. 『꽃 지는 바다, 꽃 피는 고래』에서 처럼 말이지요. 잠시 『꽃 지는 바다, 꽃 피는 고래』에 실린 「서시」를 보고 넘어가도록 하지요.

> 나 돌아가리라
> 꽃 지는 바다로
> 꽃 피는 고래가 되어
> 인생의 바다에
> 수없는 인연의 꽃이 피었다가
> 모두 일장춘몽으로
> 덧없이 돌아갔다고

혼자서 우는 날이 많았지만
그 바다가 있어
나는 고래처럼 뛰어올랐네
나의 꿈을 향해
힘차게 고래 뛰기를 했네
나는 보았네
모두 꽃 지고 흘러간 줄 알았는데
그 꽃들 내 몸에 다시 피어
나의 색깔이 되고
나의 향기가 되었다는 걸
아, 고래는 인연의 바다에 피는
꽃이라는 걸 알았네
나 즐거이 돌아가리
꽃 피는 고래가 되어
꽃 지는 바다에
꽃 피는 고래가 되어

- 「서시」

    정일근 시인은 '고래'의 시인이지만 '꽃'의 시인이기도 합니다. 동물성과 식물성, 육지와 바다, 거대한 것과 작은 것, 강인함과 부드러움을 동시에 가진 시인이라고 해야 할까요? 정일근 시인과 고래에 관한 이야기는 다른 사람들이 충분히 많이 했으므로 여기서는 '꽃'에 주목해 보려고

합니다. 정일근 시인에게 꽃은 크게 두 가지 의미가 있는 듯합니다. 우선 그의 시에서 '꽃'은 '열매의 어머니'(「꽃의 모성」)입니다. 꽃이 있어 열매가 맺히는 것이지요. 열매를 위해서는 세찬 비바람 속에서도 절대 꽃가지를 놓지 않는 것이 꽃입니다. 그래서 꽃은 모성의 상징이 됩니다.

그렇게 정월에서 구월까지 제 살과 피 다 내어 주고 가을에 꽃 피는데, 정구지 꽃 하얀 꽃 피는데
허리 굽혀 땅에 절하지 않고서는 보지 못하는 꽃, 손에 흙 묻혀 땅과 악수하지 않고서는 봐도 알지 못하는 정구지 꽃
정구지 꽃 하얀 꽃이 어머니 정구지 밭에 가득 피었다
칠순 어머니 아픈 자식에게 검은 머리 다 주시고 흰머리 되셨듯이
주고 또 주고 주고 또 주고 그 빈 대궁마다 하얀 별을 달고 정구지 꽃 피었다
어머니 한 밭 가득 곱게 피었다
- 「정구지 꽃」 부분

인용하지 않은 시의 앞부분에 나와 있습니다만, 정구지는 서울말로는 부추입니다. 한번 씨 뿌려놓으면 쑥쑥 잘 자랄뿐더러 베어내도 베어내도 금세 또 자라는 게 정구지입니다. 그래서 정월에 심어서 구월까지 계속 먹을 수 있

고요. 이렇게 "주고 또 주고 주고 또 주는" 정구지의 모습에서 시인은 "어머니"를 발견합니다. 정구지 꽃을 보신 적이 있을까요? 열매(정구지)를 위해 희생하면서 정작 그 꽃은 "흙 묻혀 땅과 악수하지 않고서는 봐도 알지 못하는" 것이 정구지 꽃입니다. 꽃 중에서 가장 낮고 가장 희미한 꽃이라고나 할까요? 앞의 시처럼 이 시에서도 꽃은 자식을 위해 모든 것을 희생하는 모성의 상징이 됩니다.

정일근 시인의 시에 드러나는 꽃은 때로는 '회귀'의 상징이 되기도 합니다. 식물의 생애주기는 흔히 인간의 그것에 비유됩니다. 씨에서 새잎이 돋고 가지가 자라고 열매를 얻고, 그러다 겨울이 되어 죽고 마는 것을 인간의 일생에 대입해 볼 수 있기 때문입니다. 그러나 식물이 해마다 봄이 되면 새롭게 삶을 시작하는 것에 비해 인간의 삶은 순환될 수 없습니다. 아주 오래전부터 인간들이 식물을 찬양해 온 것에는 식물이 지니는 재생, 부활이 중요한 요인이 되었을 것입니다. 정말 식물들처럼 겨울을 나고 봄에 새로 태어날 수 있다면 얼마나 좋을까요? 그것도 어린 새잎으로 돋아날 수 있다면요. 정일근 시인은 이러한 소망을 시에 담아냅니다.

　　해마다 사월이 오면
　　싸락눈 같은 꽃잎을 앞세워
　　내 마당으로 돌아오시는 아버지

사월에, 진해라고 중얼거려 보면
나는 아직도 입속에 씹히는 아버지의 잎

- 「사월, 진해」 부분

해마다 사월이면 아버지가 "싸락눈 같은 꽃잎을 앞세워" 돌아온다고 시인은 말합니다. 아버지는 안 계시는 아버지이지만 다시 돌아오는 아버지이기도 합니다. 물론 잊을 수 없는 아버지를 이런 식으로 말하고 있는 것이지요. 이렇게 생각하면서 「꽃장」을 다시 읽어보면, 시인이 꽃장으로 어머니를 장사 지낸 것은 당연한 선택이었다는 생각이 듭니다. 작고 낮은 꽃이야말로 어머니의 상징이니까요. 훌륭한 열매를 위해 기꺼이 꽃을 희생한 어머니. 해마다 봄이면 어머니는 하얀 민들레의 모습으로 돌아오시겠지요. 그래서 두 모자가 반갑게 만나겠지요. 그렇게 시인은 어머니와 영원히 함께할 수 있는 것이겠지요.

4. AI 시대, 가족사진

정일근 시인의 어머니는 가신 지 얼마 안 되어 그렇다 치고, 시인의 아버지가 살아 계셨을 때에 비하면 세상 참 좋아졌지요? 그럴 수는 없는 일이지만, 고인이 돌아오셔서 지금의 기술 발전을 보시면 너무나 놀라시겠지요. 올해 작고하신 시인의 어머니도 AI 같은 건 이용할 생각도 못 하셨을 테고요. 시인들을 비롯, 창의적인 일을 하는 사람들은 AI를 멀리하는 경향이 있던데 정일근 시인은 AI를 이렇게 이용합니다. 어머니, 아버지에 대한 그리움이 얼마나 컸으면 이런 생각을 하게 되었을까요? 먼저 시를 보시지요.

어머니 남기신 사진 정리하다가
어느 모임에서 아버지와 찍은 흑백 사진이 있었다
1969년의 일이었는데
두 분 사이에 무슨 일이 있었는지
단체 사진 끝과 끝에서 남인 듯 찍혔다
어머니는 약간 화가 난 표정이었다
아버지는 굳은 표정이었다.
AI에 부탁해 두 분을 웃으며 사이좋은
지브리 스타일의 사진을 부탁했다
아버지 55년 전 먼저 떠나셨고
어머니 55년 만에 아버지께 가시는데
반백 년이 더 지나 만나는 두 분
사랑했던 옛날처럼
다정하시길 바라는 자식 마음이
그 먼 나라에 전해지길
AI 사진에 담았다
젊은 아버지 건강하시고
예쁘신 어머니 환하게 웃으시니

55년 만의 신혼의 깨소금 내음

자식들에게 진하게 전해지겠다

아버지 좋으시죠?

어머니 행복하시죠?

대답이 없어도 다 알 수 있는

어머니 아버지의 2025년, AI 사진 한 장

　　　-「사진, 어머니 아버지의 2025년」

   AI라는 것의 활용 용도는 무궁무진한 모양이나 저는 백과사전처럼 이용해 본 게 다입니다. 필요한 자료가 있을 때 AI한테 찾아달라고 하는 것이지요. AI, Artificial Intelligence, 말 그대로 인공지능이니 저보다는 몇천 배 빨리 자료를 찾더라고요. 그런데 AI의 기능 중에는 어떤 이미지를 제시하고 그 이미지를 누구누구 스타일로 바꿔 달라고 하면 바꿔주는 기능도 있다고 합니다. 그것도 순식간에 사용자가 원하는 이미지를 만들어 낸다고 하네요. 정일근 시인은 55년 전의 사진 한 장을 AI에게 건네주며 '부탁'합니다. 우리 어머니, 아버지 두 분 웃으며 사이좋은 모습으로, 그것도 따뜻한 사실감이 특징인 지브리 애니메이션 스타일로 만들어 달라고요. 55년 전 단체 사진 속, 양쪽 끝에서 남인 듯 찍혀있던 아버지와 어머니는 AI의 손을 거쳐 건강하고, 환하게 웃는 모습으로 재탄생합니다. 사진 속에서나마 두 분이 웃는 모습으로 만나기를 바라는 시인의 마음이 짠하게 느껴집니다.

　사진은 어떤 순간을 포착해 종이 속에 가두어 놓습니다. 영원하다고까지는 할 수 없어도 꽤 긴 시간 동안, 기억 저 편으로 희미해져 가는 것들을 붙잡아 놓습니다. 그래서 그 럴까요? 정일근 시인의 시에는 사진에 대한 것이 여러 편 더 있습니다. 「흑백사진-그 여자」는 아버지와 세 여성(어 머니, 그 여자, 할머니)의 묘한 갈등 관계를 보여주는 재미있 는 시이지만 여기서는 「사진도 늙는다」를 인용해 보겠습 니다.

　　잠시 왔다 간 세상에 사진 한 장 남기신 아버지
　　20대 후반 공군 시절 닫힌 격납고 배경으로
　　푸른 군복, 여전히 차가운 얼굴로 서 있는 아버지
　　어머니 몰래 한 20여 년 그 사진 숨겨 두고 아버지를 추억한다
　　신기하다, 닮고 싶지 않았던 사진 속의 아버지 내가 닮아 가고
　　사진 속의 아버지는 흘러가는 세월과 함께 하루하루 늙어간다
　　늙으신 어머니 그 곁에 나란히 서면 어울릴 듯
　　배경 풍경들 욕심 없이 늙어 간다
　　신비한 시간의 힘이여
　　사진 속에서 시간은 쉬엄쉬엄 흘러가

사진 밖의 세상과 사람과 함께 늙어 간다
　사진 속에 담긴 추억이며 슬픔 쭈글쭈글 김빠져 간다.
　이제 사진은 더 이상 옛 모습으로 남아 우리를 기다리
지 않는다
　잊고 살아온 사진을 찾아 펼쳐 보라
　사진도 늙는다! 우리와 함께
　　　　　　　　　　-「사진도 늙는다」부분

　어머니 몰래 숨겨 놓고 가끔 꺼내보는 아버지의 사진은, 사실은 시인이 잃어버리고 싶지 않은 아버지에 대한 추억입니다. 이 사진마저 없다면 시인은 아버지를 무엇으로 기억할 수 있을까요? 그러나 시간은 참 묘하게도 많은 것을 변하게 합니다. 사진 속에 담긴 추억이며 슬픔도 시간의 흐름과 함께 점점 사라지게 됩니다. 사진은 점점 흐려지고 시인은 자꾸 닮고 싶지 않았던 아버지의 모습을 닮아 가게 되는 것이랄까요? 정일근 시인은 「사월, 진해」에서 "팽팽한 해안선을 배경으로 아버지가 남긴 흑백 사진 한 장"을 보며 "아버지는 자신의 꽃이 지는 시간을 예감하셨을까"라고 묻습니다. 아마도 전혀 예감하지 못하셨을 겁니다. 그리고 자신의 아들이 이렇게 오래 그 사진을 간직하고 들여다보고 또 들여다보는 것도요.
　『꽃장』을 읽으면서 도대체 부모란 어떤 존재이길래 이렇게 어른이 되어서도 부모에 그리움을 멈출 수 없는 것일까 여러 번 생각했습니다. 자신이 "아들 하나 딸 하나 둔"(「고추는 힘이 세다」) 부모가 되어서도 말이지요. "열 살부터 부선망독자父先亡獨子"(「묘묘杳杳한 밤」)인 정일근 시인의 채워질 수 없는 이 허전함을 어떻게 하면 좋을까 계속 안타까웠습니다. 이렇게 해보면 어떨까요? AI에게 가족사진을 하나 만들어달라고 하면요. 정일근 시인이 가지고 있는 부모님 사진 모두와 자신의 사진을 AI에 업로드합니다. 그리고 이런저런 주문을 하면 됩니다. 이건 이렇게 만들어 주고, 저건 저렇게 만들어 달라고요. 평소에 원했던 이상적인 가족사진의 이미지가 있다면 다 요구하면 됩니다. 그러면 AI는 멋진 가족사진을 만들어 줄 것입니다. 초등학교 졸업식 사진은 물론이고 결혼식 사진이며 시집 출판기념회 사진까지요. 물론 어머니 아버지는 활짝 웃고 있습니다. 아, 배경에는 큰 고래와 밝은 꽃을 좀 넣는 것도 좋겠군요. 정일근 시인이 직접 하기 힘들다면 제가 꼭 하나 가족사진을 만들어 드리고 싶습니다. 가족사진 보시면서 그만 슬퍼하세요. 선생님.

정일근 시집

꽃장

초판	2025년 6월 22일
개정1쇄	2025년 10월 1일
지은이	정일근
펴낸이	김리아
발행처	불휘미디어
	경상남도 창원시 마산합포구 오동동10길 87
	(055) 244-2067
	2442067@hanmail.net

가격 12,000원
ISBN 979-11-92576-79-4 03810